AF509767

L'ATTELAGE

DU JEUNE DALONNEAU

ET

M. ARMAND RIVIÈRE

A LA PROCESSION DE TAUXIGNY

Leçon d'histoire contemporaine

PAR

Albert LAVILLE

Avocat

Voilà comme on écrit l'histoire!
VOLTAIRE.

TOURS

IMPRIMERIE NOUVELLE. — ERNEST MAZEREAU
11, PASSAGE RICHELIEU, 11

—

1866

AUX HABITANTS DE TAUXIGNY

Mes Amis,

Voici quelques réflexions inspirées par un incident qui s'est produit dans notre commune, au sujet de la procession de Saint-Marc.

Vous me connaissez tous. Vous verrez que le sentiment qui m'anime est celui de la justice et de la vérité.

Je suis sûr que vous ne me désapprouverez pas; aussi je vous dédie cet écrit.

Vous avez été témoins des faits qui se sont passés à Tauxigny. Soyez-en juges.

ALBERT LAVILLE.

Tauxigny, le 29 juillet 1866.

A M. ARMAND RIVIÈRE

J'ai lu, Monsieur, votre opuscule sur le curé de Tauxigny.

Permettrez-vous à un jeune confrère de vous répondre à ce sujet et de vous dire tout d'abord que, surtout en matière de religion, celui qui n'entend qu'une cloche n'entend qu'un son?

Il est toujours très-beau de se faire le défenseur convaincu d'une cause libérale.

Il est aussi digne d'admiration celui qui en est le champion désintéressé!

Mais croyez-vous que, dans tous les temps, en religion comme en politique, l'excès de zèle ait produit de bons résultats?

Non; sur ce point vous me passerez condamnation.

Alors, quand on ne craint pas de se rendre le propagateur de faits semblables à ceux auxquels vous avez accordé l'appui de votre plume, il faut être bien sûr de la vérité de ces faits, car, à mesure qu'on les exagère, qu'on les ridiculise, on met en défiance la bonne foi du lecteur qui les pèse et les commente attentivement, et souvent la conclusion de cette façon d'agir est celle-ci : c'est qu'en voulant faire entrer les rieurs dans son camp on les renvoie à l'ennemi que l'on veut combattre.

Il ne suffit donc pas de vouloir faire rire! Il faut prouver! et c'est de la sorte que l'on a chance de gagner son procès.

Sérieusement, pensez-vous, Monsieur, qu'un seul de vos lecteurs croira un mot des balivernes que vous vous êtes laissé conter! On a, d'honneur, trompé votre bonne foi.

Vous vous dites libéral : je crois l'être au moins autant que vous; vous vous défendez d'être dévot, je ne le suis pas non plus, — c'est précisément cette parité d'opinion qui me donne de la force pour contredire, avec toute la politesse que je vous dois, ce que vous reprochez à M. le curé de Tauxigny.

D'abord, qu'est-ce que cette histoire de sermon? Comment avez-vous pu *supposer* une pareille énormité?

S'il est un prêtre assez niais pour entretenir ses paroissiens de sottises du genre de celles que vous vous donnez le souci de relever, ce n'est pas à coup sûr M. le curé de Tauxigny.

Nous ne sommes plus au temps de la Ligue, où tout se disait en chaire; nous ne sommes plus au temps des Dragonnades où, pour étayer une cause, toute exagération pouvait être proférée dans les églises par quelque énergumène.

Elle est passée aussi cette époque où un curé apostrophait Voltaire, et, pour mieux le personnifier devant son public, le représentait par son bonnet carré, écrasant d'injures un malheureux et innocent feutre!...

Notre époque a trop de bon sens pour s'arrêter devant tout cela; et soyez bien convaincu que, le premier, je n'aurais pas manqué de rire si un morceau oratoire de ce mérite avait jamais été prononcé à Tauxigny.

Oh ! vraiment, c'est fort drôle ! le blé qui ne poussera pas si le laboureur travaille le dimanche ! le diable qui s'en mêle et les saints qui interviennent ! Eh ! mon Dieu, qu'allaient-ils faire dans cette galère ? quelle bataille enragée cela a dû faire ? A-t-on pu ramasser les blessés dans cette fantastique mêlée digne du moyen âge ?

Cet ingénieux sermon que vous avez créé, ce mélange de la force bonne et de la force mauvaise, cette mêlée de diables et de saints, me fait penser malgré moi à cette farandole de démons et d'anges qui sont entrelacés d'une façon grotesque au-dessus des portails de nos vieilles cathédrales. Cela m'amuse, me réjouit l'esprit, comme ces antiques sculptures me réjouissaient les yeux ; mais c'est tout, car on peut aussi bien rire d'une chose vraie, qui existe matériellement, que d'une pure invention, d'une création imaginaire de l'esprit, d'une chimère !

Donc, passons.

Le sermon n'a jamais existé que dans votre esprit inventif ; et, permettez-moi de vous le dire, sans passer pour flatteur, Monsieur le curé de Tauxigny, que vous ne semblez pas connaître, a trop de sens, trop de goût, pour entretenir en chaire les habitants de sa paroisse de choses auxquelles certainement il ne croit point lui-même.

Il ne faut jamais bafouer son adversaire, si l'on veut avoir quelque mérite à remporter la victoire.

A mon sens, votre écrit est une *Sadowa* littéraire. Beaucoup de courage, envie de frapper un grand coup, grand désir de vaincre, c'est vrai ; mais, hélas ! défaite complète !

Et pourtant, je ne crierai point: *Vœ victis!* car il
est malheureusement vrai qu'il y a eu des prêtres
assez abandonnés du ciel pour faire des sermons
où le ridicule domine.

Mais en attribuant à M. le curé de Tauxigny de
telles observations, vous n'avez pas eu la main
heureuse; tous ceux qui le connaissent savent qu'il
y a peu de prêtres plus instruits, plus discrets, plus
tolérants et même libéraux en matière de religion.

Quant à l'incident Dalonneau, c'est une autre
question.

Vous avez rapporté l'affaire comme on vous l'a
contée. Tout est pour le mieux dans la meilleure
des narrations possibles!

D'après vous, les seuls coupables seraient les
chevaux, ces pauvres bêtes, dont vous démontrez
si habilement le défaut d'intelligence et la cou-
pable indifférence, et « qui vous inspirent plus de
pitié que si c'étaient des hommes. »

Piètre argument, Monsieur, avouez-le!

Dans le fait et en principe il n'y a qu'une chose à
établir : catholique ou protestant, mahométan ou
juif, adorateur du feu ou du soleil, il faut respecter
ce qui est respectable.

Vous oubliez bien vite les injustes récriminations
dirigées contre un vénérable prélat dont la voiture
avait involontairement — cela est prouvé — traversé
la queue d'un convoi funèbre.....

Un autre fait.

Quand on enterra Proudhon, un régiment passait
musique en tête. — A Paris, vous le savez, on en-
joignit à la musique de se taire; et déjà la foule allait

se porter à des voies de fait, quand le colonel imposa lui-même silence à ses trombonnes.

Vous avez dû approuver le colonel, et vous avez bien fait.

Pourquoi donc ne blâmeriez-vous pas un jeune homme de vingt ans, alors même qu'il serait sage, travailleur, rangé, enfin le modèle des hommes de son âge, si ce jeune homme a eu tort?

Et comment connaitre sa culpabilité? Oh! d'une façon bien simple : en établissant les faits simplement, et sans les dénaturer.

Je ne défends pas plus M. le curé que je n'attaque M. Dalonneau.

Il y a eu plainte; dès lors il faut prouver que cette plainte est fondée ou qu'elle ne l'est pas! Si elle l'est, appliquez la loi, puisqu'elle a prévu ce cas; si elle ne l'est pas, attaquez le curé, qui ne serait alors qu'un diffamateur.

Vous voyez donc, Monsieur, que la position que je prends dans le débat est essentiellement impartiale, et cette impartialité même m'est commandée par le soin que j'ai pris de vous dire au début qu'il valait mieux apaiser qu'irriter, pacifier que guerroyer.

Si j'ai cru devoir intervenir dans cette tragédie héroï-comique, c'était pour rendre aux faits leur véritable couleur, aux actes leur véritable importance.

D'ailleurs, en ma qualité de membre de la commune, j'ai cédé à la prière de beaucoup de personnes qui, comme moi, sont ennemies de tout ce qui est contraire à la vérité.

J'ai et j'avais tous les renseignements possibles sur cette grosse montagne qui accouche d'une souris, sur cette *immense* lutte qui, en définitive, si on la juge de sang froid, ne valait ni tant de bruit, ni tant de fracas, ni tant de citations châteaubrianesques. Si vous aviez daigné demander des renseignements, chacun se serait empressé de vous les transmettre ; cela eût évité une contestation grotesque, car pas un des habitants de Tauxigny ne voudra croire que cet assemblage de faits indignes de créance, que les redites répandues à profusion dans votre écrit, que ces longueurs, que ces récriminations plus folles, plus légères les unes que les autres, soient sorties de la plume d'un avocat.

Quel bien pensez-vous donc pouvoir faire à votre cause, en vous servant d'une ironie qui s'efforce d'être plaisante, mais qui, dès les premiers mots, ressemble à s'y méprendre au cheval essoufflé de Boileau tombant écrasé par son cavalier et n'en pouvant mais.

Le rôle que vous faites jouer *aux chevaux* est au moins peu flatteur pour les auteurs principaux de cette scène ; réellement, elles ne devaient pas s'attendre à tant d'honneur, ces pauvres bêtes sur le sort desquelles vous vous apitoyez d'une façon si sensible, et que vous accusez d'indifférence envers le culte ; heureusement, elles ne pourront pas lire votre prose, votre plaidoirie sur l'attelage Dalonneau ; mais si, par impossible, un miracle leur donnait le don de lecture, dites-le franchement, elles ne remercieraient pas leur avocat.

Ah ! Monsieur, c'est du papier bien mal employé,

beaucoup de temps perdu, et il est probable qu'en y réfléchissant plus sérieusement vous n'aurez aucune peine à le reconnaitre !

Vous vous êtes servi, je ne sais pourquoi, d'une expression du poète anglais; permettez-moi d'en choisir une à ma guise et mieux applicable à la question, — elle sera toujours vraie dans les interminables querelles de notre pauvre humanité, c'est le titre de la comédie de Shakespeare : *Much ado about nothing,* ou *Beaucoup de bruit pour rien.*

Si, à votre exemple, il entrait dans mes goûts d'entasser citations sur citations, Ossa sur Pellion, Pellion sur Ossa, etc., etc., je prierais le bon La Fontaine de vous dire :

De près c'est quelque chose, et de loin ce n'est rien.

Maintenant que j'ai posé la question d'une façon générale, — maintenant que j'ai apprécié autant que possible le singulier et triste débat dont vous vous êtes fait le propagateur trop empressé, je vais relever de point en point tout ce qu'a d'inexact, pour ne pas dire de faux, dirai-je l'histoire? —j'aime mieux dire le *conte* auquel vous avez essayé de donner un semblant de vérité.

Et, avouez-le, vous avez dû vous défier vous-même de *l'histoire* que vous racontez; car vous commencez comme ce bon Perrault, d'enfantine mémoire : « *Il y avait une fois.....* » et, malgré que vous en ayiez, l'affirmation que vous vous empressez d'ajouter à ce préambule vient trop tard.

Puisque nous sommes du métier, nous savons

qu'on ne se paie plus de mots dans les affaires sérieuses; on veut des faits patents, pertinents, et, si je peux le dire, palpables.

Sans doute, M. le curé doit être un homme *très-pieux, craignant Dieu,* etc., et en cela il n'est que ce qu'il doit être; mais croyez donc bien que jamais son indignation n'a atteint la hauteur à laquelle vous voulez bien la placer. Il faudrait être d'une simplicité par trop naïve pour admettre un seul instant qu'il a voulu blâmer le jeune Dalonneau d'accomplir ses travaux de laboureur ; jamais il n'a passé ni fêtes ni dimanches à épier si le *pauvre mécréant,* votre martyr, la victime mise publiquement sur le chevalet de l'irréligion, assistait à la messe ou versait son champ, pour y faire **du** blé ou de l'avoine.

Les plus fortes têtes de l'endroit ne pensèrent point et ne proclamèrent point, malgré votre affirmation, *que le diable viendrait en personne empêcher le blé impie de mûrir ;* car, si avantageuse pour le diable qu'ait pu être l'action commise par le sieur Dalonneau, en tant que cet acte ait été accompli, le diable s'en préoccupait fort peu, et il avait raison. C'est avoir une singulière idée des *fortes têtes* de Tauxigny, que de les accuser d'avoir été plus royalistes que le roi et plus endiablées que le diable ! En cette affaire, je crois qu'elles auront assez de bon sens pour ne pas accepter comme vraie une seule de vos suppositions.

Ne recommandez donc point à leurs ferventes prières *cet infortuné jeune homme,* dévot ou non, excommunié ou non ; il n'attirera sur la paroisse

de Tauxigny *ni la grêle, ni la foudre, ni l'oïdium,
ni la maladie des pommes de terre!...*

J'espère bien que pas plus que vous, Monsieur,
Dalonneau ne saurait avoir la puissance d'attirer
sur la commune de Tauxigny les fléaux du ciel.....
c'est bien assez déjà de votre publication!

A quoi bon tant appuyer sur l'honnêteté de
Dalonneau? Personne ne l'a contestée. Pour son
compte personnel, je crois qu'avec la *force de
caractère* dont vous le gratifiez généreusement, il
doit se soucier médiocrement des *sourires béats
des saintes âmes et de l'affection de son curé,*
qui probablement se préoccupe fort peu de lui.

Je ne veux pas revenir sur la question de ces
pauvres saints, saint Marc, saint Médard et autres
saints que vous attaquez si gratuitement, et qui,
tout inoffensifs qu'ils sont, n'ont probablement
pas besoin d'un avocat pour les défendre. Hélas!
puisqu'ils font la pluie et le beau temps, comme
vous le dites, que n'ont-ils assez de pouvoir pour
dissiper les nuages que votre souffle pousse et amon-
celle sur Tauxigny! Ce serait, sans contredit, le fait
le plus miraculeux qu'ils eussent jamais accompli.

Après les saints, parlons un peu des hommes;
descendons du ciel où, bien à regret, je le pense,
vous montez néanmoins si facilement (sans doute
avec l'échelle de Jacob!) et revenons, s'il vous plaît,
sur la terre.

Quelle dent avez-vous donc contre M. de Châteaubriand, pour que vous le mettiez constamment en
cause à propos du jeune Dalonneau, ou même
en opposition avec lui? Il est probable que la façon

de voir des deux personnes n'a jamais dû être la même, car il y a une certaine différence entre un poète et un laboureur.

Je ne vous reparlerai plus de M. de Châteaubriand; mais il faut bien que je prenne le parti des habitants de Tauxigny, si maltraités par vous, et qu'il est de mon devoir de défendre.

Savez-vous qu'en lisant cette phrase : « Un vieux « troupeau peu ingambe, composé surtout d'ouailles « du sexe féminin, aussi peu disposées que les « champs de Tauxigny à bondir d'allégresse aux sons « discordants des hymnes et de l'ophicléide, » j'ai été pris d'un de ces fous rires dont je croyais le secret perdu depuis notre vieux Rabelais; et, comme par une puissance mystérieuse, je me suis vu transporté dans cette effroyable cour des Miracles si bien dépeinte par Victor Hugo; j'ai cru voir défiler devant moi manchots, cagneux, tortus, bossus; j'ai cru voir monté sur un âne le duc d'Égypte, le roi des Truands; il me semblait apercevoir dans la foule le roi de Thunes, l'illustre Clopin Trouillefou.

Mais toute cette fantasmagorie a disparu pour ne me laisser que le souvenir des choses peu gracieuses que vous daignez adresser aux habitants de Tauxigny, quant à leur conformation et à leur beauté physique; si l'on vous croyait, elles auraient besoin, pour être reproduites, du crayon de Callot, ou du burin funèbre de l'auteur de la *Danse Macabre*.

Dieu merci, votre description est fausse, et quoique fort indifférent en cette matière, je dois constater qu'il n'y a pas que les rachitiques qui accompagnent les processions des Rogations ou de Saint-Marc.

Jusqu'aux chantres de la paroisse, dont la voix n'a pas trouvé grâce devant vos oreilles de dilettante! Depuis bien longtemps on ne perçoit plus à Tauxigny les sons discordants de l'ophicléide : comme le cygne de Pesaro, l'instrumentiste s'est enseveli dans le silence. Vous ignoriez encore cela.

Vous, Monsieur, qui attaquez journellement toutes les processions, si inoffensives qu'elles soient, vous ne savez donc pas que le campagnard en voudrait mortellement à son curé si ces processions n'étaient pas faites?

Quel mal, en effet, peuvent-elles occasionner? elles n'ont d'autre but que d'appeler sur la terre les bénédictions du ciel. Cela ne saurait être mauvais.

Mais vous dites : « Avertissez de l'heure où vous « sortirez de votre église, croix et bannière en tête; « indiquez le chemin que vous devez prendre pour « attirer la rosée favorable du ciel sur la terre, et « nous nous arrangerons de façon à ne point encom- « brer votre passage. »

C'est un argument très-facile à détruire, car il n'est personne, à la campagne, qui ignore le jour, l'heure, pendant lesquels doivent se faire les processions et le lieu par où elles doivent passer.

Ceci est une affaire entre le curé et ses ouailles qu'il avertit au prône du dimanche.

Voici donc un fait encore élucidé. Quand je m'étendrais plus longtemps à ce propos, ce serait, je crois, peines et temps perdus.

Je ne veux point aborder les questions de la lettre

du curé de Tauxigny; ces questions, capitales pour vous, lui sont tout à fait personnelles : de l'avis de tout le monde, elles ne regardent que lui ou le clergé.

Je ne veux ni ne puis m'en faire juge.

Mais ce que j'ai tenu à démontrer et à prouver, à propos de cette lettre, c'est l'inconsistance de toutes vos allégations.

Donc, je le dis, je laisse absolument sans appréciation la lettre qui a donné prétexte aux faits imaginaires que vous avez avancés.

Moins heureux que vous, je n'en ai point eu la primeur. Je ne l'ai connue autrement que par le *grand retentissement* que vous avez essayé de lui donner.

Vous avez agi très-adroitement, je le reconnais, en ne prenant pas la responsabilité de toutes vos assertions; c'est, pour moi, une preuve certaine que vous avez dû vous-même les trouver douteuses.

Je ne perdrai point mon temps à relever vos plaisanteries à propos du *chapeau*. Aristote n'a rien à voir en cette affaire; si, cependant, il eut pu y intervenir, il aurait bien fait de s'y présenter armé de sa Logique et de son bon sens; il eut peut-être donné à réfléchir aux fauteurs de semblables inventions.

Maintenant, si j'avais un conseil à donner à mon jeune compatriote Dalonneau, au lieu de lui dire de ne pas ôter son chapeau au prêtre qui porte le Viatique en cabriolet, je lui dirais de saluer l'honnête homme qui, n'ayant pas encore oublié le sentiment de la vérité et de la justice, prête son ministère aux pauvres et aux malades qui le réclament, et n'a jamais cherché qu'à faire le bien.

Si, dans le temps où nous vivons, un prêtre doit prendre pour devise, dans la position difficile qui lui est faite de jour en jour : *Charité, et rien que charité*, vous me concéderez bien que tous ceux qui l'entourent doivent, pour le moins, observer à son égard la règle de conduite suivante, fière et honorable à la fois : *Respect*.

En terminant les courtes observations que je désirais transmettre à ceux qui ont pu prendre au sérieux cette affaire, grossie à plaisir, je dirai que quiconque veut être respecté doit commencer par respecter son voisin, qu'il soit curé ou non.

Je vous rappellerai, en outre, au sujet de ce plaidoyer erroné et malheureux, la spirituelle parole de Voltaire :

« Et voila comme on écrit l'histoire ! »

De plus, j'ignore, et je ne veux pas savoir si vous gagnez *souvent* vos causes au palais; mais ce que je sais, ce que tout le monde sait, c'est que vous perdez toutes celles que vous plaidez devant l'opinion publique. Vos réquisitoires permanents contre les curés de la Touraine tombent à plat. Jamais on n'avait fait un *fiasco* plus complet que celui de la brochure sur *l'attelage Dalonneau*.

En ma qualité de confrère, je vous souhaite meilleure chance..... une autre fois. On n'est pas heureux tous les jours!

Croyez-moi, à l'avenir, montrez moins d'em-

pressement à vous produire, et ne transformez pas
de mauvaises plaidoiries qui rappellent le Chicaneau
des *Plaideurs* en de lourdes brochures, fussent-
elles intitulées : le *Revers de la médaille*.

Encore un revers !

Fasse le ciel que ce soit le dernier !

Mais, écoutez :

« Un rat plein d'embonpoint, gras, et des mieux nourris,
« ET QUI NE CONNAISSAIT L'AVENT NI LE CARÊME, (!!!)
« Sur le bord d'un *chemin* égayait ses esprits.
« Une grenouille approche, et lui dit en sa langue :
« Venez me voir chez moi ; je vous ferai festin.
« Messire rat promit soudain.....

« Il n'était pas besoin de plus longue harangue!!! »

ALBERT LAVILLE.

Tours. — Imprimerie nouvelle. — Ernest Mazereau, passage Richelieu, 11.